RIRE AVEC LE DIABLE

DU MÊME AUTEUR

PINOCHET S'EN VA, IHEAL, 2000.
DU LIVRE NUMÉRIQUE AU LIVRE DROIT, La Documentation française, 2008.
TÉLÉVISIONS, Grasset, 2016.
LA CIVILISATION DU POISSON ROUGE, Grasset, 2019.
TEMPÊTE DANS LE BOCAL, Grasset, 2022.
S'INFORMER, À QUOI BON ?, La Martinière, 2023.
SUBMERSION, Grasset, 2023.

Avec Jean-François Fogel

UNE PRESSE SANS GUTENBERG, Grasset, 2005.
LA CONDITION NUMÉRIQUE, Grasset, 2013.

BRUNO PATINO

RIRE AVEC LE DIABLE

BERNARD GRASSET
PARIS

Photo de bande : Photo © World History
Archive / ABACA

ISBN 978-2-246-83854-8

Pour Sophie
qui a vécu cela avec moi

« Please allow me to introduce myself, I'm a man of wealth and taste (…)

I rode a tank, held a general's rank, when the blitzkrieg raged and the bodies stank,

Pleased to meet you, hope you guess my name »

THE ROLLING STONES, « Sympathy for the Devil »

« Mais voilà, j'étais du bon côté, cela suffisait à la paix de ma conscience. »

Albert CAMUS, *La Chute*

Santiago du Chili, 1992

Le diable était ponctuel.

Chaque matin, à 8 h 07 précises, le convoi dévalait l'avenue Isidora Goyenechea à pleine vitesse. Le passage était éclair, quelques secondes, un virage à gauche, six pâtés de maisons en ligne droite, puis le carrefour vers l'avenue Andres Bello, la Costanera et le centre-ville. À l'époque, la capitale chilienne n'était guère bruyante. Elle n'avait rien de la mégalopole latino-américaine qu'elle est devenue depuis lors. En 1992, Santiago vivait au rythme d'un couvre-feu toujours en vigueur dans les comportements, à défaut de l'être dans les textes. On dînait à l'heure allemande, et les trois boîtes de nuit de la capitale fermaient au moment où les Argentins songent à prendre l'apéritif. La circulation était tranquille, les embouteillages limités aux heures de bureau. Tôt le matin, ou tard le soir, les rues étaient peu fréquentées, comme s'il était encore impossible pour les voitures particulières d'arpenter des rues libérées de contrôles militaires. Un jour de semaine, à 8 heures du matin, la chaussée était dégagée. L'arrivée du cortège provoquait pourtant comme une glaciation instantanée. Rien, sur son passage, piéton ou véhicule, ne faisait mouvement. Le silence qui partout s'imposait rendait inutile l'utilisation d'une sirène. Chacun savait à quoi s'attendre quand passaient, à vive allure, les quatre motards précédant trois voitures grises, suivies d'un véhicule bondé de soldats en armes et bien visibles, et de quatre autres motards qui signalaient la fin de l'aréopage. À quoi, ou plutôt à qui s'attendre : le général Augusto Pinochet se rendait au bureau.

J'avais pris l'habitude de le guetter, depuis mon balcon du 9e étage du 191 rue Augusto Leguia Norte, une tasse de café à la main, comme on attend le signal qui marque le début de la journée. Les immeubles en hauteur étaient encore rares dans le quartier où j'habitais, les maisons de plain-pied résistaient à l'appétit des promoteurs et à l'absence de règles d'urbanisme. Se déploierait quelques années plus tard une concurrence féroce entre constructions pour offrir la vue la plus spectaculaire possible sur la cordillère des Andes bordant la cuvette urbaine, les tours s'érigeant sans relâche dans une conquête du ciel rendue vaine par la pollution : le smog priverait leurs résidents de tout panorama six mois par an. Curieux, attentif, fasciné, j'essayais de deviner dans quel véhicule pouvait bien se trouver le diable habillé en général. C'était peine perdue. Le militaire s'était pris d'une passion pour sa Mercedes Benz 500 SEL blindée spécialement fabriquée pour lui en Allemagne. Elle lui avait, pensait-il, sauvé la vie, en résistant au feu des mitraillettes et au tir de roquette du groupe armé Front patriotique Manuel Rodriguez, le 7 septembre 1986, alors qu'il revenait d'un week-end en famille passé dans sa résidence secondaire du village de Melocotón. Mais les démons eux-mêmes savent qu'il ne faut pas trop tenter la chance : depuis la tentative d'assassinat ce n'était plus un mais trois véhicules rigoureusement identiques, aux vitres opaques, qui prétendaient transporter le militaire. La rumeur disait même que chacune des deux Mercedes choisies au dernier moment pour être des leurres accueillait un homme travesti en haut gradé, dont la corpulence pouvait laisser penser qu'il s'agissait du grand chef.

La mémoire transforme souvent des observations éphémères en absolue certitude, mais il me semble que nous n'étions pas nombreux aux fenêtres. Par indifférence peut-être, tant leur répétition peut transformer les cauchemars en habitude. Par peur, je le pensais. Je n'osais d'ailleurs jamais prendre la paire de jumelles que je gardais à portée de main, par crainte qu'un des gardes armés ne les confonde avec un fusil à lunette et ne m'abatte à la seconde, par une rafale précise tirée d'une voiture roulant à pleine vitesse sur une cible distante de 100 mètres. Une crainte fantasmagorique et ridicule, que je nourrissais pourtant avec application comme pour me convaincre de la légitimité de l'intérêt étrange que je portais au passage en voiture du général.

L'Amérique latine est l'écran vierge sur lequel les Européens projettent l'ensemble de leurs fantasmes politiques, a écrit, je ne sais plus trop où, Régis Debray, qui parlait en connaissance de cause. En ce qui me concerne, c'était un peu plus compliqué que cela. Je n'échappais certes pas à la recherche de la cause juste qui motive celui qui veut se faire pardonner l'existence tranquille de la toute petite bourgeoisie de banlieue parisienne, à l'abri d'un inconditionnel confort affectif, alors même que personne ne lui reproche quoi que ce soit. Dans les années 1970 et 1980, le sous-continent paraissait fournir une somme inépuisable de bruit et de fureur, de révolutions et de luttes pacifiques, de mouvements à l'intitulé étrange : la théologie de la libération, des partis révolutionnaires institutionnels, des maoïstes chrétiens, des militaires qui promeuvent la sécurité nationale et sont à la botte des États-Unis, des coups d'État qui prétendent rétablir la légalité constitutionnelle, le peuple uni qui jamais ne sera vaincu et qui pourtant est écrasé. Tout était présent là-bas, disponible ici. Magnifié par le réalisme magique d'une littérature qui résidait dans le Quartier latin, Gabriel García Márquez passant boulevard Saint-Germain, Mario Vargas Llosa prenant son café au Danton. C'était l'époque de l'Amérique du Sud sur Seine.

J'entretenais une relation particulière avec ce territoire prodigieux. Mon père venait de ce continent de tous les rêves et de toutes les luttes, et comme la majorité de ses pairs, était pudique et silencieux ; il n'était pas question de transmettre à ses enfants l'exil en héritage. Son pays était étrange, la Bolivie, trop haut, trop enclavé, trop proche, par son nom, de la Colombie. Lui en vantait les espaces infinis, la mélancolie indigène, le lac sacré et ses îles du Soleil et de la Lune. Il prétendait ne pas connaître les regrets d'avoir dû quitter cette terre des dieux incas, mais reconnaissait qu'il lui appartiendrait sans doute de ne jamais y revenir. Au-delà de la mélancolie du retour impossible, d'autant plus palpable qu'elle se cachait, le legs était formidable, et possédait le souffle de l'histoire pour celui qui s'en réclame. Mes camarades le savaient, et m'accompagnaient dans mes tribulations : les Quilapayun à la fête de l'Huma, les Jaivas à Fontenay-aux-Roses, les tracts « États-Unis, hors du Nicaragua » distribués devant le lycée, les réunions d'opposants aux dictatures à la Mutualité, je me sentais chez moi, là aussi.

L'enfance avait été le moment de rêveries qu'accompagnait la lecture de *Tintin et le temple du soleil.* Le passage des années avait substitué aux héros qui fondent notre monde imaginaire ceux qui veulent changer le monde et son imaginaire. Il se disait que le peuple d'origine de mon père avait la rébellion dans les veines. Il fallait s'en montrer digne. Adolescent, comme un certain nombre d'entre nous, j'ornais les murs de ma chambre avec deux photos qui résumaient à elles seules l'idée que je me faisais de la lutte du bien contre le mal. Côté lumière, il y avait le cliché du Che Guevara à la tribune d'une cérémonie d'hommage le 5 mars 1960, pris de loin, presque par hasard, par le photographe Alberto Korda, qui mettrait des années avant d'en proposer une diffusion qui finirait par lui échapper. Le béret à l'étoile, le vent dans les cheveux appelaient à l'aventure. Le regard, comme perdu vers l'horizon, semblait promettre l'âge d'or. Côté sombre, rien n'égalait la photo en noir et blanc prise quelques jours après le coup d'État (le 19 septembre 1973) par le photographe de l'agence Gamma Chas Gerretsen, à la sortie d'une messe qui venait de célébrer dans la maison de Dieu « la gloire de l'armée chilienne ». Le général et ses officiers avaient pris la pose. Eux debout, lui assis, la casquette sur les genoux, le rictus mauvais, la moustache tombante, parallèle à la bouche au sourire inversé, les cheveux bruns plaqués, les bras croisés, la mâchoire serrée, le menton en avant. Les lunettes noires masquaient le regard : elles deviendraient le symbole des heures sombres de la dictature. Gerretsen racontait que le militaire avait refusé de les enlever pour la photo, avec comme seul argument celui de son identité : « Je ne les enlève pas. Je suis Pinochet ! » D'une certaine façon, bien lui en avait pris : son visage allait devenir la représentation presque universelle du dictateur. Le mal politique incarné.

Les deux portraits agissaient sur moi comme deux pôles opposés qui organisent le rapport au monde. À mesure que l'adolescence s'éloigne, les plus résolus, ou les plus convaincus, troquent la contemplation pour l'action. Né trop loin ou trop tard, du moins je le pensais, mon caractère, à cette époque, me poussait plutôt à l'exploration de chacune de ces icônes, à en chercher les traces encore présentes pour mieux les comprendre.

Mes livres et formations m'avaient enseigné le rôle des structures et l'implacabilité du temps long dans la suite des événements. Tout s'éclairait. À Cuba, les cycles agricoles qui s'épuisent à mesure que les maîtres étrangers de l'île se succèdent, la domination américaine victime de la corruption qu'elle a développée : cent ans de servitude, une dictature possiblement épuisée à mesure qu'elle s'adapte. Au Chili, le développement qui nourrit la demande sociale, les politiques d'émancipation qui se heurtent à l'obsession anticommuniste de la politique impériale des États-Unis et à l'oligarchie locale, l'impasse d'un système politique organisé en trois tiers : une démocratie possiblement condamnée à mesure qu'elle s'approfondit. La compréhension systémique, pour satisfaisante qu'elle fut, me décourageait. Chacun de nous n'était-il qu'un pion sur l'échiquier de l'histoire ? Ou existait-il des pièces maîtresses, capables à elles seules de changer le cours du jeu en provoquant un instant décisif ? L'inexorable mouvement des plaques tectoniques laissait-il encore une place pour les décisions individuelles, pour l'ambition, la tactique, le cynisme, le talent, la rouerie, l'engagement, l'altruisme, l'intelligence, la solidarité, l'ambiguïté, le dilemme, les bonnes décisions prises pour les mauvaises raisons et les mauvaises décisions pour les bonnes raisons ? Ma vision était sans doute trop enfantine, mais justifiait que je veuille, à tout prix, m'approcher au plus près de ceux qui incarnaient les ruptures.

Dès qu'il avait été possible de prendre un billet d'avion avec un sac à dos pour tout bagage, je m'étais empressé d'aller y voir. Tout se mêlait dans ce premier voyage, l'histoire et la géographie, les origines et les espérances, le *Guide du Routard* et le *Voyage à motocyclette* du Che. Ce journal racontait comment la révolution était née dans l'esprit d'un fils de bonne famille argentin, médecin de surcroît, foudroyé par la prise de conscience de l'existence du continent comme d'une communauté de destin indivisible, interminable lutte collective vers une émancipation impossible.

La Bolivie m'offrait la promesse du « sauveur » après son expérience cubaine. Ou plutôt, de son agonie. L'expérience des guérilleros au pouvoir à La Havane après 1958 avait désacralisé la révolution, elle soulignait les ambiguïtés et les déceptions que rencontre un mouvement lorsqu'il est pris dans les sables mouvants des contraintes de l'administration des hommes et des choses. Guevara en ministre du Trésor, quoique apportant sa signature sur les billets de banque, c'était au mieux un échec. Le Che qui commande les pelotons d'exécution chargés de fusiller les révolutionnaires pusillanimes ou les opposants déterminés, c'était une trahison. Seulement voilà, il y avait l'après, et la fin, qui agissaient comme une rédemption. Le « foco » de Ñancahuazú, défaite militaire ou sacrifice pour les générations futures. Les écrits nourrissaient l'interrogation : le journal de Bolivie, rédigé par Guevara lui-même, n'avait rien d'un manuel, et encore moins d'un évangile. Quant à l'ouvrage de Régis Debray, *La Guérilla du Che*, il témoignait d'un naufrage collectif sous forme d'une longue marche vers un isolement qui pouvait presque sembler volontaire. Mais il y avait l'image. Il y avait la photo du cadavre du Che, abattu par des membres de l'armée bolivienne en octobre 1967, allongé sur une table de l'hôpital de Vallegrande, un drap en guise de linceul, le visage émacié, le regard comme figé dans une incompréhension douloureuse. Freddy Alborta, le photographe réquisitionné pour apporter la preuve au monde de la mort du combattant, n'avait reçu que 75 dollars pour ce cliché iconique. Impossible de savoir s'il avait, en le prenant, voulu reproduire le tableau d'Andrea Mantegna, la *Lamentation sur le Christ mort*, peint en 1480, en tempera à la colle. Volonté ou hasard, l'effet était saisissant. Guevara mort, c'était le Christ au pied du tombeau. À l'époque où je parcourais la zone, les « Che Tours » n'existaient pas encore. Il n'y avait rien, si ce n'est un chemin de croix dépourvu de sens, chaque station semblant abandonnée par les humains et occupée par des animaux plus ou moins errants. Au campement de Quebrada del Churro, à La Higuera, l'école de son exécution par des soldats désireux de se vanter de l'exploit, à Vallegrande, petit village colonial presque vide, j'étais bien en peine de trouver une trace qui m'aurait rapproché du mystère révolutionnaire. Depuis, le tourisme s'est déployé pour devenir l'entrepreneur d'une mémoire dévoyée. Les tour operators y ont amené des statues, des peintures, des mausolées. Je ne suis pas sûr que les animations aient rapproché les visiteurs d'un quelconque début d'explication.

Sept années plus tard, à vingt-cinq ans, je passai des voyages à la sédentarisation. Installé au Chili par les hasards d'un parcours onusien, je fus rattrapé par le journalisme pour ce qu'il est convenu de nommer un grand journal du soir. La narration du présent m'invitait à nouveau à explorer le passé le plus récent, dont les plaies à vif continuaient de diviser le pays. J'arpentais Santiago à la recherche de traces de l'autre figure emblématique de mon éducation politique, le général Augusto Pinochet. Elles n'étaient pas si nombreuses. J'avais été surpris de retrouver le palais présidentiel de la Moneda apparemment intact. Le 11 septembre 1973, pourtant, à 9 heures du matin, trois heures après que l'amiral Merino et les commandants en chef Pinochet (armée de terre), Leigh (armée de l'air), Mendoza (carabiniers) eurent déclenché le coup d'État contre le pouvoir socialiste de l'Unité populaire, le bâtiment avait été la cible de tirs nourris venus des immeubles voisins. À 10 heures, les tanks avaient encerclé le palais et fait feu sans discontinuer, avant que deux avions Hawker Hunter ne larguent une vingtaine de bombes en deux passages vers 11 h 30. Les dégâts avaient été considérables, la verrière du toit avait éclaté, des murs s'étaient effondrés, un incendie avait gagné une grande partie du palais. Des colonnes de fumée s'étaient élevées au-dessus des décombres et du cadavre du président Salvador Allende, suicidé après un dernier discours radiodiffusé. Alors que tout était perdu, le camarade président avait redit son espérance, sa foi en l'avènement, « plutôt tôt que tard, de grandes avenues où passent les hommes libres pour construire une société meilleure ». Puis il avait posé son menton sur la mitraillette AK47 que lui avait offerte Fidel Castro, et avait tiré.

En 1992, la Moneda semblait n'avoir subi aucun dommage. Tout était propre et net. On pouvait encore distinguer sur quelques constructions alentour des traces de balles et d'explosions, mais il fallait pour ce faire regarder chaque détail avec attention. La restauration du palais semblait ramener le coup d'État, dont la violence avait saisi le monde, à une péripétie qu'il n'était pas nécessaire de mentionner. Faire disparaître les traces comme on fait disparaître les opposants, dans l'idée que l'absence dans le regard nourrisse l'oubli dans la mémoire.

Ainsi de l'étoile lumineuse qui dominait le siège du parti communiste, à l'angle des rues

Teatinos et Compañía. Elle avait éclairé les nuits de la capitale des années durant. Pour la voir, il fallait désormais se faire accompagner sur le toit de l'immeuble, où elle gisait, criblée de balles et en partie fondue, grise et détruite. Ainsi, surtout, des lieux de répression, où des milliers d'opposants avaient été emprisonnés et torturés, et qui au début des années 1990 avaient été comme abandonnés après avoir été pour partie vidés de leurs instruments de supplice. Le Stade national, prison à ciel ouvert, avait retrouvé son objet sportif. Ses vestiaires, où l'on avait torturé à mort, ressemblaient aux équipements d'un stade qui n'a pas été entretenu depuis longtemps. Rien de particulier ne distinguait la façade de la maison située au 38 de la rue Londres, en plein centre de Santiago, de ses constructions voisines : porte principale voûtée, murs noircis par la pollution, rideaux aux fenêtres. L'endroit avait pourtant gagné à juste titre son surnom de « l'enfer ». La police politique, la DINA, l'avait choisi pour en faire, à partir de 1974, le quartier général de la répression. Elle avait montré dans les tortures physiques et psychologiques utilisées un degré de cruauté tel que les « instructeurs » de la dictature brésilienne venus expliquer leurs méthodes en étaient sortis effarés. Enfin, quand on franchissait le mur d'enceinte de briques rouges de la Villa Grimaldi, dans le quartier de Peñalolén, on avait du mal à croire, en parcourant le jardin devenu terrain vague et les pièces à l'abandon, qu'elle avait constitué la dernière et terrible étape d'opposants arrêtés, que les militaires se chargeraient de faire disparaître dans l'océan, lestés d'un rail. Y subsistait encore, quinze ans après, une très faible et singulière odeur, que je prenais, à tort ou à raison, pour les dernières traces de cette « odeur de la peur » (*olor a miedo*) dont m'avaient parlé plusieurs victimes rescapées, l'odeur âcre, acide et pestilentielle que les glandes sudoripares du corps humain exsudent lorsqu'on est pris par une terreur irrépressible. Mais peut-être était-ce une construction mentale de ma part. Il faudrait près d'un quart de siècle d'alternances politiques pour que des plaques, des stèles, des jardins viennent identifier l'empreinte indélébile des lieux de tragédie. En ce début des années 1990, tout cela n'existait pas : le général veillait au grain.

Il me semblait qu'en le rencontrant, je pourrais comprendre ce qui le différenciait du reste du genre humain. Constater ce qui lui manquait, ou ce qui avait provoqué en lui un changement de nature. Peut-être me rassurer à bon compte face à l'évidence de l'altérité. Et témoigner. Rentrer en contact, donc, avec le diable fait homme.

En 1992, le passage régulier du cortège du diable militaire à pleine vitesse avait un mérite : rappeler à tous que le général n'était en rien retiré des affaires. Bien sûr, il avait perdu le plébiscite d'octobre 1988 qui devait lui accorder huit années supplémentaires de présidence. Au faîte de son pouvoir absolu, en 1980, alors qu'il allait imposer une Constitution dessinée par les militaires qui visait à institutionnaliser son rôle, il avait eu l'idée de ce scrutin qu'il lui semblait alors impossible de perdre. Tel un instituteur qui écrit au tableau un exercice pour une classe inattentive, il avait écrit une simple addition à destination des hauts gradés qui l'accompagnaient : 7 + 8 + 8 = 23. Autrement dit, le vote lui permettrait de justifier huit années supplémentaires de règne, et la somme de ses années de règne amènerait à l'âge adulte une génération entière n'ayant connu que son pouvoir sans partage, parachevant son œuvre. L'opposition l'avait pris à son propre piège, avait joué le jeu du vote, et avait obtenu la désignation d'observateurs étrangers pour en assurer la régularité. Le « non » l'avait emporté après une campagne joyeuse.

J'avais moi aussi admiré l'utilisation, par les adversaires de la dictature enfin coalisés, des techniques les plus modernes du marketing politique. Les spots publicitaires tournés en pleine campagne avaient eu des allures de comédie musicale. Ils avaient montré des Chiliens apaisés, souriants et confiants, en train de construire, ensemble, la maison commune. Le logo, l'arc-en-ciel, avait semblé promettre un avenir meilleur grâce à une diversité harmonieuse, et la musique utilisée avait invité à la communion festive. Toute cette lumière cachait une vertigineuse réflexion politique, née des ténèbres d'une opposition ayant connu le deuil, le supplice et l'exil. Puisqu'il n'était pas possible de faire chuter le régime, il faudrait le défaire sur son terrain, lors d'un scrutin qu'il organisait. Jouer selon les règles du jeu de l'adversaire plutôt que de ne pas jouer, descendre sur le terrain de l'ambiguïté, payer le prix du calcul incertain après avoir payé celui de la répression absolue, accepter l'éventuelle condamnation de l'histoire pour essayer de modifier le présent, quand bien même la probabilité d'y arriver était faible, faire son deuil de la pureté de l'impuissance, et accueillir l'ambiguïté morale d'un calcul possiblement erroné. Non plus la révolution, mais le tir à la corde, où l'on gagne, centimètre par centimètre, sur l'adversaire. Non plus l'espérance d'une page blanche sur laquelle une nouvelle histoire pourrait s'écrire, mais la négociation permanente comme seule perspective. Le présent qui murmure plutôt que des lendemains qui chantent. Une leçon.

Augusto Pinochet avait connu la défaite, pas la déroute. Ses partisans évoquaient même, pour les forces démocratiques, une victoire à la Pyrrhus. Elle leur avait donné le gouvernement sans pour autant leur transférer le pouvoir, celui de changer les choses. Depuis 1989 le général s'était replié sur son armée de terre, il restait commandant en chef, un poste considérable, tirant les ficelles qu'il pouvait encore actionner, laissant planer comme la menace diffuse d'un pouvoir toujours absolu alors même qu'il perdait chaque jour de l'influence dans les négociations que le nouveau pouvoir civil avait entamées avec les tenants du régime militaire. Le général voulait, bien sûr, préserver sa Constitution. Plus que cela, il assurait l'impunité totale des siens en matière d'atteintes aux droits de l'homme, et travaillait à installer pour la postérité le récit qui faisait de lui le bâtisseur d'un nouveau pays. L'inaccessibilité organisée et l'omniprésence fantasmée se nourrissent l'une de l'autre. On parlait de lui chaque jour, on imaginait ses actes, devinait ses pensées, redoutait ses projets. Alors même qu'il avait cessé, depuis de nombreux mois, d'exprimer une parole publique. Son image était partout, son verbe nulle part. Le diable, vraiment.

Un diable qui répondait par la négative à toutes les sollicitations, chiliennes ou étrangères. Chacun de mes amis et collègues, autrement expérimentés, obéissait à l'immuable rituel : chaque mois, une demande d'entretien était déposée auprès de l'officier de liaison du militaire. La réponse, négative, arrivait quelques jours plus tard. Et au début du mois suivant, l'on recommençait. Je me joignis à la démarche au début de l'année 1992, et subis à mon tour les refus mensuels. Nous devions être nombreux dans cette file d'attente immobile, mais il en fallait plus pour me décourager. Cette fin de non-recevoir nourrissait mon obsession, qu'avec le passage des années je ne m'explique pas encore tout à fait. La révélation que je semblais attendre d'un éventuel rendez-vous avec le militaire prenait chaque jour un tour plus extraordinaire. Comme si, à me trouver face à l'incarnation du mal dans l'histoire, je distinguerais alors comme une évidence la frontière entre le clair et l'obscur. L'ancien dictateur répondrait, ou pas, à mes questions. Mais, c'était évident, je me révélerais imperméable aux messages qu'il m'adresserait. Il me faudrait au contraire tenir la répulsion en laisse. Jésus avait tenu quarante jours, je pourrais bien résister quarante minutes. Incroyable naïveté, bien sûr. J'avais alors 26 ans, l'âge où d'autres que moi avaient vécu l'ambiguïté des pensées personnelles, la douleur des choix complexes, l'éternelle contradiction entre éthique de conviction et éthique de responsabilité, voire la tragédie d'une histoire qui sans cesse demande aux humains de sacrifier une valeur sacrée pour espérer, parfois en vain, en préserver une autre. Protégée, je l'ai déjà dit, par la douceur de la France de la seconde moitié du xxe siècle et la drogue douce de la culture épique qui nous vient des États-Unis et de son usine à rêves, la couleur de mes convictions avait une esthétique en noir et blanc.

Le général en chef étant inaccessible, je m'étais intéressé à ses complices. Le coup d'État avait été mené à bien par une junte regroupant les commandants en chef des quatre corps d'armée, la marine, l'armée de terre, l'armée de l'air et les carabiniers. Un groupe, uni autour d'un leader. Du moins le croyais-je alors, même si mes lectures et entretiens contribuaient à écrire un récit d'une tout autre nature. La trop brève interview que j'avais pu avoir avec l'amiral José Toribio Merino désormais à la retraite, n'avait, de mon point de vue, rien donné. Ce militaire au port altier, à la fine moustache, au visage légèrement triangulaire que prolongeait un front largement découvert par une calvitie partielle avait une élocution pâteuse, dont il jouait pour se rendre inintelligible et pour se moquer de son interlocuteur. À aucun moment il ne masqua le mépris sans limite que je lui inspirais. Les Chiliens riaient volontiers de la maladresse télévisuelle qui laissait accroire à son ébriété à chaque passage sur les écrans, pour mieux oublier la crainte que, toujours, il leur inspirait. Homme clé du putsch, il avait œuvré mille jours durant à rapprocher l'élite économique du pays, les groupes d'extrême droite financés par les États-Unis et l'armée, pour enfin renverser un pouvoir honni. La marine, sous ses ordres, avait démontré un savoir-faire redoutable dans la torture et la disparition des corps suppliciés que les hélicoptères larguaient dans l'océan Pacifique, à portée de jumelles de Valparaiso. Quand on le voyait, aucune prise n'était laissée au récit, la langue de bois s'exprimait en réponses laconiques et dilatoires entre deux borborygmes. L'amiral noyait le poisson.

Après le marin, il me fallait trouver l'aviateur, l'ex-général en chef de l'armée de l'air, Gustavo Leigh. Et lui parler de son parcours de putschiste déchu, pilier de la sédition, devenu avec le temps un des principaux opposants à Augusto Pinochet, rétif à son libéralisme économique et jaloux de l'accroissement sans limite de son pouvoir personnel. Leigh avait quitté la junte en 1978, et avec elle la vie publique. J'avais passé plusieurs mois à le chercher, au point de ne plus y croire. Amis, journalistes, politiques, militaires, chacun m'avait fait part de son ignorance quant à l'adresse où se cachait l'homme. Ils évaluaient comme nulles mes chances de « mettre la main » sur l'ex-commandant en chef, compte tenu des menaces qui pesaient sur lui. Peut-être même avait-il changé d'identité. Deux ans plus tôt, en mars 1990, dans des bureaux du quartier chic, on lui avait tiré dessus, à bout portant. Il avait perdu son œil gauche et une partie de sa mobilité. Les commanditaires de l'attentat regrettaient de ne pas l'avoir tué. Il avait survécu mais ne pouvait se juger sorti d'affaire. Sans doute avait-il organisé sa disparition.

L'évidence résout parfois les problèmes les plus complexes. Ma perplexité faisait sourire ma compagne, qui m'avait suggéré de chercher… dans l'annuaire. Ne sachant pas s'il s'agissait d'une boutade ou d'un conseil, j'avais commencé de parcourir le volume des pages blanches. Le camouflage de Gustavo Leigh était celui de la lettre volée d'Edgar Allan Poe. Il se cachait dans le répertoire téléphonique sous le nom de son fils, un parfait homonyme. Nom, prénom, adresse : Ojeda 95, Oficina 412, téléphone 232.51.08. Le fils décrochait, et répondait au nom d'une agence immobilière qui portait son nom et, donc, celui de son père. Il passait sans difficulté le combiné à l'ancien militaire. La clandestinité demande de l'argent ou des amis. Notre homme n'avait ni l'un ni les autres. Il me donna rendez-vous.

L'agence immobilière était miteuse. Un bloc de deux étages, avec un escalier extérieur.

La vitrine couverte de poussière proposait des annonces pour des appartements populaires dans les quartiers périphériques. Le taxi avait souri en me laissant là, après une course de vingt-cinq minutes, le temps de passer d'un quartier aisé de la capitale à l'une de ces zones infinies et sans âme qui font la jonction entre le privilège et le peuple, les *barrios altos* et les *poblaciones*, ceux qui se font servir et ceux qui les servent. Le fils m'avait accueilli, et, sans attendre, il m'avait conduit au premier étage, dans le bureau du directeur, son père. Attablé à un meuble métallique hors d'âge, dont l'un des tiroirs semblait ne pas pouvoir fermer et déversait les dossiers suspendus sur un sol recouvert de linoléum, il était en plein marchandage. Une plaque posée sur le plateau proposait la doctrine de l'agence, qu'on ne pouvait accuser de jouer sur la corde sensible : « À votre service pour un logement adéquat ». Elle voisinait avec une coupe en plastique ornée du chiffre « 1 », symbole presque grotesque d'une activité qui a du mal à survivre. La fenêtre donnait sur une arrière-cour, mais le regard ne s'y attardait pas, tant il était comme aimanté par les deux tableaux peints qui ornaient les murs. Style réaliste et pompier, proche des bandes dessinées de station-service, ils montraient des avions militaires à l'œuvre, lâchant leurs bombes dans un nuage de fumée, sans qu'il soit possible de distinguer vraiment la nature de leur cible : usine, ville, navire, forêt, palais présidentiel ? Ces deux images modifiaient la perception de l'homme assis au téléphone en train d'énumérer les atouts d'un appartement qu'il essayait de placer auprès de son interlocuteur. La diction était lente, difficile, laborieuse, économe en mots. « *El depto esta conforme* », « l'appart est conforme ». « Conforme », un adjectif tout militaire.

Il était donc là, devant moi, dans la pièce sans charme d'une agence désolante. Il n'avait rien d'un agent immobilier : raide dans un costume sombre tirant sur le vert foncé, la chemise boutonnée jusqu'en haut du cou mais portée sans cravate, des lunettes sombres aviateur avec un verre opaque, le cheveu coupé court encadrant un front largement dégarni, une main gantée de cuir et immobile, posée sur la table, l'autre découverte et animée de mouvements saccadés, un visage à moitié paralysé, une bouche tordue, une jambe raide, comme artificielle. L'ex-général devenu professionnel de l'immobilier semblait sorti du film de Stanley Kubrick, un docteur Folamour ridicule et terrifiant. Il n'attendait qu'une chose, me confirmer le récit que les historiens commençaient à écrire : celui d'une conjuration préparée trois années durant par un ensemble de séditieux, dont lui, Leigh, était l'un des meneurs. Un groupe qui n'avait jamais vu, ni de près, ni de loin, Augusto Pinochet s'intéresser à leur projet de coup d'État, et qui craignait que ce militaire carriériste, sans envergure et loyal par intérêt au pouvoir civil, puisse faire échouer leur projet et empêcher que l'armée de terre ne fasse bloc autour des putschistes. L'avant-veille du coup d'État, mon interlocuteur s'était rendu en voiture au domicile de Pinochet, une petite maison de Santiago, au 128, rue Laura de Noves.

« Il y avait une fête, pour l'anniversaire de sa fille. Une fête, alors que le pays allait de travers ! Des invités, des petits-fours, du mousseux, de la musique, des flonflons. J'ai sonné, il m'a ouvert, tranquille, calme. M'a demandé ce que je faisais là. Je lui ai dit que ce n'était plus possible, que nous devions nous débarrasser d'Allende, que l'armée de l'air était prête. Il m'a répondu, "tu sais que cela peut nous coûter la vie ?" Je ne savais pas à l'époque qu'il avait déjà refusé, quelques jours avant, de rejoindre les membres de l'armée de terre qui travaillaient eux aussi sur un mouvement militaire. Il ne voulait pas se mouiller. Et puis, on a sonné à nouveau. On a ouvert, et se tenaient dans l'entrée l'amiral Huidobro, l'amiral Carvajal et le commandant Gonzalez, qui venaient de parcourir les 120 kilomètres depuis Valparaiso pour porter à Pinochet un petit mot signé de l'amiral Merino. Le petit mot nous était destiné, et il était assez direct : "Augusto, Gustavo, tout est perdu. Si vous êtes d'accord pour agir le mardi 11 septembre à 6 heures du matin, signez ce papier." J'ai signé tout de suite, mais lui, Pinochet, il continuait d'hésiter. On voyait bien qu'il tergiversait : y aller, ou pas, qu'est-ce qui était le plus risqué pour lui ? Finalement, il a signé, et m'a demandé le secret absolu. Il avait peur, vous comprenez ? Il n'avait rien préparé, il ne voulait pas se décider. Il voyait bien que l'on avait tout préparé, que quoi qu'il fasse on allait enfin réussir à sauver le pays, et le débarrasser des communistes qui le foutaient en l'air. L'aviation, la marine, avaient fait tout le boulot, d'autres, dans l'armée de terre, aussi. Lui, bon, en fait, c'était un, enfin, vous voyez, quoi… » Les mots se bousculaient, mais celui vers lequel sa bouche semi-immobile, son regard fixe, ses membres aux mouvements saccadés, et finalement tout son être, tendaient, ne sortit pas.

L'ancien général en chef de l'armée de l'air ne faisait pas le deuil du destin dictatorial qui avait failli être le sien. Seul au pouvoir, il eût été, il le croyait, un autocrate d'une autre trempe. De ceux à qui, lorsque les plaies sont refermées, l'on sait gré d'avoir dirigé le pays d'une main de fer. Au lieu de quoi, il ne fut, une année durant, que le faire-valoir galonné de celui qui avait réussi un curieux et incroyable hold-up : voler un coup d'État, avec comme butin dix-sept années d'un pouvoir sans partage. Près de deux décennies plus tard, Leigh n'en revenait toujours pas. Il ignorait avoir tenu le rôle d'une pièce si souvent jouée qu'elle avait, depuis longtemps, fait naître une théorie chez les universitaires qui font de la politique une science : celle du stratège mystifié par le « *swing man* », l'homme indécis jusqu'à la dernière minute, qui, par son engagement tardif, fait basculer le fragile équilibre politique et triompher la sédition, et reçoit en échange, de façon presque mécanique, le pouvoir qu'au départ personne ne voulait lui confier. Le caractère méphistophélique d'Augusto Pinochet en ressortait, pour le jeune homme que j'étais alors, encore grandi. Il avait floué tout le monde, transformé un président en martyr, des bourreaux en victimes, et un peuple entier en objet terrifié d'une ascension sans limite. Ma détermination à le rencontrer se renforçait à mesure que le récit gagnait en complexité. Le diable, décidément.

Les oligarques tissent des liens que n'attaquent ni les alternances politiques ni les changements de régime. Le contact fut finalement établi grâce à un ami, dont la gentillesse face à mon insistance me permit d'être convié à déjeuner par un militaire avocat au cabinet personnel du général. Juan Romero était affable et intelligent, aimable et convaincant. À l'exact opposé de l'image que je me faisais des serviteurs du dictateur. Il appelait son chef par un petit nom, « Don Pino », comme s'il avait été un personnage de dessin animé. Don Pino ! Je n'en revenais pas. Maniant l'art des fausses confidences, il mangeait de bon appétit et disait sa conviction qu'une interview était possible. Restait un obstacle à franchir : l'avis positif du directeur de cabinet, le général Jorge Ballerino, un militaire sophistiqué et lettré, qui portait beau et menait à bien toutes les négociations avec le nouveau pouvoir civil. Sa distinction naturelle masquait un art consommé des coups tordus. Il entretenait cette double réputation en laissant dans l'ombre l'adresse de ses locaux professionnels. Ce flou savamment organisé nimbait de mystère le *comité asesor* (c'était le nom donné au cabinet) et ses « bureaux secrets ». Le terme me faisait sourire : comment était-il possible que personne ne sache où se trouvait l'objet de toutes les conversations ? Il s'agissait en fait moins d'une réalité géographique que d'une affaire de style, comme un emprunt aux codes cinématographiques tirés des films d'espionnage. L'adresse donnée, rue Banderas, se situait en plein centre de la capitale, à quelques centaines de mètres à peine du palais présidentiel de la Moneda.

Un matin de novembre, je franchis le porche. La cour carrée de l'immeuble était occupée par de longues files d'attente devant les entrées d'escaliers qui donnaient accès à un service des visas quelconque. Je cherchais du regard une signalétique qui me confirmerait que j'étais au bon endroit. Seule une guérite en partie transparente marquait une présence militaire discrète. Le soldat en faction me fit signe, vérifia mon identité, le contenu de mes poches et celui de mon sac à dos, puis actionna un bouton… qui fit coulisser la paroi de la pièce attenante à sa guérite. Le passage discret – à défaut d'être secret – abritait des militaires face à des écrans de surveillance, et les échanges via talkie-walkie entretenaient l'illusion d'une menace imminente. Nous étions en plein James Bond. Mais tout ce décorum ne protégeait qu'un banal ascenseur. À l'étage, les bureaux ressemblaient aux locaux de toutes les administrations du monde. À un détail près : l'omniprésence de gravures de batailles napoléoniennes sur chacun des murs. Leur exposition, qui ne respectait pas l'ordre chronologique, était porteuse d'un message, qui me semblait obscur, car elle mêlait les victoires aux défaites. Alors que j'essayais de masquer ma nervosité en regardant le désastre de la Bérézina, une voix légèrement amusée commenta la campagne de Russie. Le général Ballerino était intarissable sur la geste napoléonienne. Il me regardait de haut, au sens propre comme au sens figuré. Napoléon, « un génie », n'avait été défait que par « les erreurs d'appréciation dues aux ruptures de chaîne de commandement et aux trahisons, mais l'histoire lui rendait maintenant justice ». Le message devenait à présent plus clair. Après un long monologue de stratégie militaire, qui convoqua Carl von Clausewitz, Basil Henry Liddell Hart et… Augusto Pinochet, j'eus droit à un plaidoyer en faveur du rôle historique du « régime militaire », l'expression qui permettait à ceux qui le soutenaient d'éviter l'emploi du mot dictature, et rendez-vous fut pris. On me donnerait dix minutes, quinze peut-être. Je m'en contenterais.

Le 8 décembre 1992, je me présentai donc à 9 h 30 au siège de l'armée de terre, dans le centre de Santiago, un bâtiment carré situé à quelques dizaines de mètres de la Moneda. J'étais attendu : le militaire de faction me regarda à peine, ne posa aucune question et m'intima l'ordre de ne pas bouger, « *no se mueva* ». Je fus pris en main par deux attachés de presse gradés que j'avais déjà entrevus lors de mon rendez-vous avec le général Ballerino. Puis vinrent un ascenseur qui mène aux étages supérieurs, un couloir que scandent des portes en bois fermées, toutes identiques, une salle d'attente banale, un canapé usé, une table basse ornée de la devise chilienne « Par la raison ou par la force », un café imbuvable et servi froid, des minutes qui s'accumulent, des bruits indéterminés en provenance du couloir, et un militaire qui passe une tête dans l'embrasure de la porte avant de s'exclamer, suffisamment fort pour que je puisse l'entendre : « *pero le han mandado una guagua* », « mais on lui a envoyé un bébé » ! Tout était en place, l'interlocuteur suffisamment attendri à la façon d'une viande que l'on va passer au gril avant de n'en faire qu'une bouchée. La séance pouvait commencer.

La porte s'ouvrit, un mot, un seul, fut prononcé, « *ahora* », « maintenant ». Je me retrouvai dans le couloir, chaque entrée désormais flanquée d'un militaire en uniforme. Debout, le regard fixe. Au bout du couloir, des deux côtés de la porte à battants d'une hauteur inhabituelle, les gradés en casquette portaient de longues capes grises à liseré rouge sur leur costume vert-de-gris. L'uniforme de la garde personnelle du général. Alors que je m'avançais, intimidé, et parcourais les quelque trente mètres du couloir, l'un des gardes siffla, cria un ordre, que j'imaginai être « garde-à-vous ». Chaque militaire claqua des talons, et les deux battants de la porte s'ouvrirent, immenses… sur un tout petit être. Il était là, debout, immobile, le regard fixe.

L'homme ne ressemblait plus à l'icône de mon adolescence. Le passage des ans avait joué son rôle, qui blanchit les cheveux, la moustache, tasse les épaules et alourdit – modérément – la silhouette. Mais il y avait autre chose. Il avait fait sienne l'apparence que ses conseillers en communication lui avaient forgée pendant la campagne perdue du référendum de 1988 : celle du bon vieillard protecteur de la nation, que les affiches électorales en faveur du « oui » à la prolongation de son mandat montraient, tout sourires, en compagnie d'un jeune enfant qui le regardait comme on regarde un grand-père naturellement indulgent, souvent trop généreux, et dont les rappels à l'ordre ne sont que de pure forme. La ficelle était trop grosse. Les 44 % de Chiliens qui avaient voté en sa faveur connaissaient le prix de l'ordre maintenu. Ils n'avaient que faire d'un grand-père gâteau. La défaite n'avait pas modifié la stratégie vestimentaire : il se tenait là, élégant, vêtu d'un uniforme blanc aux galons rouges, aux liserés et boutons d'or, sans lunettes, le sourire discret, quoique dépourvu de toute forme de bienveillance, le dos légèrement voûté, les bras ouverts en signe de bienvenue.

C'était donc cela, un dictateur. *Le* dictateur. Le pouvoir sans limite. L'incarnation à la fois de ma fascination et de ma répulsion depuis tant d'années. Un homme d'1 mètre 68, septuagénaire. Il n'était pas bien impressionnant. Alors que je le dévisageais, j'essayais de recouvrer mes esprits en convoquant, dans ma tête, les Rolling Stones. Le matin, comme pour me convaincre de la nature du rendez-vous à venir, j'avais écouté « Sympathy for the Devil » en boucle. Maintenant que j'étais dans la place, il était temps de chantonner silencieusement les mots de Mick Jagger : « *Please allow me to introduce myself, I'm a man of wealth and taste* » (Laissez-moi me présenter à vous, je suis un homme de goût et de fortune). Mais ça ne collait pas. La musique d'accompagnement imaginaire sonnait faux. Il me semblait certes que la densité de l'air autour de moi avait changé à l'apparition du général, mais je n'arrivais pas à distinguer si c'était un phénomène réel, ou si cette impression n'était qu'une construction personnelle, et le fruit de mon imagination. Car les yeux contredisent la sensation atmosphérique et nous ramènent au quotidien. Le pouvoir ressemble à chacun d'entre nous. Et le pouvoir absolu nous ressemble absolument. Je ne ressentais pas d'angoisse. Si ce n'est, peut-être, le sentiment diffus et progressif d'avoir peur… de ne pas avoir peur. La terre ne s'était pas ouverte à l'apparition du général. C'était sa banalité qui provoquait l'effroi.

« *Por aqui, don Bruno.* » Alors qu'il m'invitait à entrer dans une salle immense, meublée d'une table rectangulaire pouvant accueillir un état-major au complet, le ton était donné : une amabilité de circonstance, une marque de déférence ampoulée et grotesquement hors de propos destinée à ridiculiser l'interlocuteur, ou bien à commencer de s'amuser avec lui comme le fait un chat avec une souris qu'il a réussi à amener à portée de griffes. Il m'invita à le précéder dans la salle, que nous traversâmes en longeant la table interminable. Il me fit asseoir à l'extrémité la plus éloignée de la porte d'entrée. Et se plaça à l'angle, à mes côtés. Il tourna la tête, me fixa, et posa sa main gauche sur mon épaule avec un grand sourire. Le geste me coupa le souffle. Je n'osais regarder la main, mais la pression subtile et presque amicale qu'elle exerçait prenait dans mon esprit des proportions maléfiques et l'effet qu'elle produisait s'apparentait à une brûlure. C'était bien le diable, finalement. Un bref coup d'œil mit fin à mon délire : la main était potelée, manucurée, alourdie par une chevalière de mauvais goût.

« Nous pouvons commencer. » Sa voix me surprit plus encore que le mouvement de sa main. Notre imaginaire associe souvent l'exercice du pouvoir absolu à une voix puissante, aux accents toniques soulignés, se prêtant aux envolées et descentes en forme de montagnes russes. Nous croyons souvent qu'une tessiture étendue, un coffre ample, une résistance vocale à toute épreuve, constituent les attributs de la domination. Les images de Leni Riefenstahl ont laissé leur rémanence rétinienne et auditive. L'histoire, pourtant, dément le stéréotype, notamment dans la langue espagnole : les voix de Rafael Trujillo à Saint-Domingue, Francisco Franco en Espagne, Alfredo Stroessner au Paraguay, ne se caractérisaient ni par leur volume ni par leur capacité à faire jouer les basses. Il en était de même pour celle d'Augusto Pinochet. Aiguë, flûtée, dotée d'un chuintement assez perceptible qui soulignait l'accent chilien d'extraction populaire, elle pouvait terminer une phrase par un simple chuchotement. Le ton, vif et tranchant, ne traduisait cependant nulle faiblesse. Il en était de même pour le bleu céruléen des yeux : froid et intense. Le diable, je ne l'aurais jamais cru, avait de beaux yeux. Mais l'éclat malicieux forçait à la vigilance : le sourire laissait entrevoir une habileté de bonimenteur sans foi ni loi. Le poids de l'histoire était impressionnant, et le regard soulignait la roublardise du natif de la ville portuaire et populaire de Valparaiso, qui avait essayé de faire oublier une carrière militaire sans éclat par des écrits de polémologie qu'il enseignait à l'école de guerre. Son appartenance supposée à la franc-maçonnerie et son obéissance servile à plus puissant que lui avaient nourri la confiance qu'il avait gagnée auprès d'un franc-maçon revendiqué, originaire quant à lui de la ville voisine et bourgeoise de Viña del Mar, Salvador Allende. Promu à la tête de l'armée le 23 août 1973, Augusto Pinochet avait juré une fidélité indéfectible au président socialiste élu.

Le dialogue était fluide. Le militaire ne regardait pas sa montre et semblait oublier que le temps imparti était limité. Il adorait livrer sa version de l'Histoire. La pression de sa main variait avec son argumentation et agissait comme un thermomètre d'ambiance. Qu'une question déplaise, alors le serrement des doigts sur mon épaule se faisait intense et bref, presque douloureux. Mais quand il s'agissait de convaincre, la pression se prolongeait, forte et régulière. Augusto Pinochet racontait ainsi que le président socialiste lui avait proposé d'élaborer un plan de défense de la capitale alors que les rumeurs de sédition parcouraient le pays. Le jour venu, il lui avait suffi « d'inverser le sens du dispositif », qui de défensif était devenu offensif. Il en parlait comme d'un bon tour joué au président suicidé. C'était en partie un mensonge, car la manœuvre n'avait pas été imaginée par mon interlocuteur. Mais elle avait fonctionné et le 11 septembre 1973 avait été une guerre éclair. En position dès 6 heures du matin, les troupes avaient marché sur Santiago. Dans son palais de la Moneda, à 7 h 30, Salvador Allende avait d'abord refusé de croire à la réalité du coup d'État, puis, alors que le mouvement ne faisait plus de doute, certain de la loyauté de son commandant en chef de l'armée de terre, il avait exprimé publiquement son inquiétude : « Pauvre Pinochet, ils doivent l'avoir arrêté… »

Le général riait de son autre entourloupe. La pression de la main, alors, se faisait légère. L'oligarchie chilienne, qui l'avait toujours méprisé, le traitant derrière son dos de « *huaso* », de péquenaud, avait pensé que les militaires agiraient « comme des femmes de ménage », « nettoyant le pays du socialisme », avant de rentrer tranquillement dans leurs casernes pour laisser la place à ceux qui, toujours, avaient gouverné le pays. Mais voilà, moins d'un an après le coup d'État, Augusto Pinochet Ugarte avait écarté les opposants militaires, il s'était proclamé président de la République chilienne le 6 août 1974, et avait fondé son pouvoir sur le contrôle de la DINA, la police politique dont l'emblème, un poing d'acier serré, annonçait son programme : la terreur totale. Ceux qui l'avaient sous-estimé devraient se rendre à l'évidence : le temps du pouvoir absolu avait commencé.

Un traître peut-il rire de sa traîtrise ? Il y avait dans cette satisfaction affichée, gourmande, presque enfantine, quelque chose qui m'échappait. Mon interlocuteur semblait imperméable aux notions éthiques, à la *common decency*, la décence commune chère à George Orwell. Comment pouvait-il se vanter d'avoir, successivement, abusé tous ceux qui, à un moment, l'avaient distingué ? Un président qui l'avait promu, des militaires qui l'avaient embarqué, une classe sociale entière qui l'avait adoubé, tous s'étaient voulus à la manœuvre et tous avaient été manœuvrés. La marionnette s'était révélée marionnettiste, et après tout, c'est cela qui importait. Démiurge à tout prix, prêt à revendiquer des complots qu'il n'avait pas ourdis, et à assumer sans trembler le déluge de violence qu'il avait provoqué. Cet homme exerçait le pouvoir à l'état brut, qui ne s'embarrasse d'aucune autre considération que de sa propre expansion, de la jouissance à n'avoir comme seules limites que celles que l'on va détruire. La violence n'était pas la méthode, mais le projet politique. J'étais face à un trou noir, dont le champ gravitationnel, peu à peu, absorbait mon énergie et mon discernement. Je n'étais pas de taille.

Il ne fallait pas lui parler de coup d'État. Les camps de prisonniers, les centres de torture, les fosses communes que l'on retrouve dans le désert ou en pleine montagne, les exils extérieurs, les relégations intérieures, tout ceci se résumait en un seul mot que son interlocuteur, mû par un idéalisme dû à sa jeunesse et son inexpérience, ne pouvait pas comprendre, « la guerre, jeune homme, la guerre, vous ne savez pas ce que c'est, la guerre ». On objectait à sa rhétorique militaire la longue litanie des faits, les images, les preuves apportées, rien n'y faisait. 1973 était, il n'en démordait pas, l'histoire d'une bataille intérieure. Et il n'y avait pas eu massacre des soutiens à un pouvoir démocratiquement élu, mais défaite militaire d'une opposition armée travaillant en sous-main pour Cuba et l'Union soviétique, et ennemis tombés au combat. « La guerre, c'est évidemment violent, qu'est-ce que vous croyez. » Le reste n'avait jamais existé, n'existait pas, et n'existerait jamais. Le général avait défini son nouveau champ de bataille : les mots. Renommer les choses, pour, à jamais, figer le récit dans un cadre dont il lui serait impossible de sortir. Avec l'aide d'un syllogisme implacable : je suis un militaire, je fais la guerre. Si je suis intervenu, c'est donc qu'il y avait une guerre à mener. Je pensais à Boris Vian, et sa phrase,

« le propre du militaire est le sale du civil ». En l'occurrence, le général utilisait les mots comme Monsieur Propre son produit. Avec en ligne de mire un ennemi, et un seul, promptement désigné : la mémoire.

Alors que nous abordions le sujet, sa voix se faisait plus aiguë. Le débit s'accélérait, l'énervement était perceptible, sa main me malaxait l'épaule de plus en plus durement. Feu sur la mémoire ! « Mais enfin, vous ne comprenez vraiment rien, c'est terrible, vous êtes plus têtu qu'une mule, ce qu'il faut, c'est EFFACER. E.F.F.A.C.E.R. Dire qu'il ne s'est rien passé. Que tout le monde soit d'accord avec ça, il ne s'est rien passé. Pour aller de l'avant, il faut effacer toute cette période. On efface, et il n'y a plus rien à oublier. Je m'emploie à cela. La loi d'amnistie de 1978 allait dans la bonne direction mais est insuffisante, il faut cesser de parler de tout ça, effacer tout ça de nos têtes, *BORRAR.* » Voilà ce qu'attendait le militaire : que l'on n'oublie pas d'oublier.

Soudain, il s'interrompit, retira sa main de mon épaule. Ses pensées se firent silencieuses, puis, sans prévenir, il se leva avec vivacité pour quitter la pièce. Il ne semblait plus fatigué, mais le surcroît d'énergie lui avait fait abandonner toute raideur militaire et il trottinait, comme l'aurait fait un vieil oncle qui va se ravitailler en vin pendant un repas qui commence à s'animer. Quand il revint, il tenait trois documents dans ses mains. Le « plan Z », ou plutôt le livre blanc qui y faisait référence et le publiait, un « rapport interaméricain » sur le Chili, et… une carte postale.

Je connaissais de réputation les deux premiers, sans les avoir jamais vus. Je doutais même de leur existence, pensant qu'il s'agissait d'une invocation permanente, et non d'une véritable production des militaires chiliens et des services secrets américains. Le plan Z était un faux, une sorte de *Protocole des sages de Sion*, un pseudo-document officiel dans lequel Salvador Allende, alors même qu'il était à la présidence, dessinait prétendument les plans d'un coup d'État visant à faire basculer le Chili sous l'influence directe de Fidel Castro, de Cuba, et de l'Union soviétique. À les croire, c'est pour éviter l'exécution de ce plan que les militaires avaient été « contraints » d'intervenir, pour éviter « la rupture institutionnelle ». Le rapport interaméricain franchissait une étape supplémentaire dans l'argumentation : il laissait entendre que les militaires, le 11 septembre, s'étaient battus contre des milices cubaines partout présentes dans le pays, et que le destin d'Allende avait été scellé à La Havane. Rien n'était vrai, les enquêtes internationales le démontraient les unes après les autres, mais les militaires chiliens continuaient à y faire référence encore et encore. Sept années après notre entretien, la déclassification de certains documents de la CIA établirait de façon définitive le statut de faux du plan Z et du rapport interaméricain, et soulignerait le rôle des États-Unis dans leur rédaction et leur diffusion.

Le général feuilletait des documents qu'il connaissait par cœur. Il citait les phrases, décrivait les photos, refaisait l'histoire. Il jouait tous les rôles de ce procès imaginaire, à la fois accusé et avocat, avançant comme preuve de son innocence les mensonges qu'il avait fait fabriquer et qui emportaient la décision du juge qu'il voulait aussi être. Mue par l'enthousiasme qui peu à peu le gagnait, sa voix se faisait plus aiguë encore, le débit s'accélérait, le chuintement laissait la place à une sorte d'élocution joyeuse. J'étais au spectacle. Il le voyait, et s'en délectait. Comme convaincu par lui-même, le général me regarda, prit l'un des volumes et décida, sans que je le lui demande, de me le dédicacer en y apposant son sceau militaire. Il m'en faisait cadeau. Je regardai ce « rapport interaméricain », ce faux destiné à présenter les bourreaux en victimes et les victimes en bourreaux, comme un présent inattendu. Mes remerciements n'étaient pas de pure forme. J'étais ravi. Aujourd'hui encore, je n'arrive pas à comprendre l'élan qui me fit accepter le livre, qui par ailleurs est toujours présent dans ma bibliothèque. Un léger nuage de honte viendrait plus tard obscurcir le souvenir. En attendant, le diable me prenait dans ses rets, sans que je m'en rende tout à fait compte.

« Après tout, jeune Français, vous ne le savez pas, mais nous sommes compatriotes. » Il voulait ma surprise, il l'eut sans coup férir. La carte postale était là pour porter l'estocade. L'illustration montrait les remparts de Saint-Malo. Les couleurs étaient passées, à moins que la photo ait été colorisée dès l'origine. Elle avait été envoyée au président Pinochet, palais présidentiel, Santiago du Chili, et cette simple adresse ne l'avait pas empêchée de parvenir à destination. Le texte, en français, félicitait le président pour son accession au pouvoir comme s'il avait remporté des élections tenues de façon régulière. Il était signé de la famille Pinochet, Saint-Malo.

Le regard bleu acier du général brillait de contentement alors que je découvrais ces lignes. Comme s'il parvenait au bout de sa quête, et qu'il venait de faire rendre gorge à ceux qui lui reprochaient son extraction populaire. Il avait tout pouvoir sur ce qui se disait, mais aucun sur ce qui se pensait. Et il connaissait trop bien la classe dominante chilienne pour ne pas percevoir l'étendue de son mépris. Au Chili, la hiérarchie des origines imposait un ordre implacable. Ceux qui pouvaient justifier d'une origine basque ou anglaise toisaient tous les autres, Allemands d'abord, Espagnols et Français ensuite, originaires des Balkans, du Moyen-Orient… Tout en bas se trouvaient ceux dont le nom ou l'apparence trahissaient un métissage indigène, et, encore plus bas, les indigènes eux-mêmes. Le pays écrivait sa légende comme celle d'un autre Nouveau Monde : « Les Mexicains descendent des Aztèques, les Vénézuéliens des Mayas, les Péruviens et Boliviens des Incas, et les Argentins et les Chiliens… du bateau. » Le mot d'esprit oubliait un détail. Le Chili n'avait jamais été une terre vierge, et pour s'installer, les Européens avaient combattu souvent, massacré parfois, relégué toujours les peuples indigènes qui y vivaient, et notamment les Mapuches.

Mais pouvoir avancer des origines françaises agissait sur l'ancien dictateur comme un passeport vers une respectabilité qu'aucun coup d'État, aucun titre (ancien président), aucune fonction (sénateur à vie) ne lui permettaient d'atteindre pleinement. J'apprendrais plus tard qu'il avait à maintes reprises mentionné ses origines françaises auprès de plusieurs journalistes, mais qu'aucun ne lui en avait fait le moindre crédit. Son nom de famille était effectivement d'origine malouine, mais sa naissance, à Valparaiso, laissait entrevoir une ascendance dont se gaussaient certains oligarques. La ville colorée avait pendant longtemps été le premier port de mouillage des cap-horniers pêcheurs de baleines et regorgeait de bars où les filles attendaient le client. Alors j'imaginais cela, une ascendance lointaine faite de la rencontre d'un chasseur de baleines et d'une fille à marins.

La conversation brouillait tous mes repères à mesure qu'elle passait de l'interview au badinage. J'étais, décidément, un débutant. Je lui demandai naïvement de confirmer qu'il n'avait ni remords ni regret, ce qu'il s'empressa de faire. Mais devant mon insistance et voulant sans doute se montrer grand prince, il prit un air songeur et concéda, à défaut d'actes regrettables, quelques propos déplacés. Quelques années auparavant, il avait souri quand, lors de travaux dans le cimetière de Santiago, on avait découvert que certaines tombes comprenaient plusieurs corps. Des torturés à mort avaient été glissés dans des tombes occupées, ni vu ni connu. Le général avait feint l'ignorance, puis cédé à la provocation : « Je ne sais pas qui a fait cela, mais les responsables doivent être félicités pour leur sens de l'économie, cela fait autant de tombes à ne pas creuser. » Et là, aujourd'hui, devant moi, à bien y réfléchir, il admettait une maladresse : « Oui, c'est vrai, j'ai dit cela, qu'on avait fait des économies de tombes. C'était une plaisanterie, mais vous allez me dire que c'est faux peut-être ? D'accord, ce n'était peut-être pas drôle pour tout le monde. Et puis, de quoi parle-t-on ? Vous me dites 2 300 personnes. Mais 2 300 personnes, franchement, ce n'est pas grand-chose, les Chinois, ils en tuent des millions, et on ne leur dit jamais rien à eux. Alors, 2 300 personnes… »

Ma respiration s'arrêta. Je n'osais plus le regarder, je vérifiai le fonctionnement de mon enregistreur, notai les propos, j'attendais qu'il revienne sur son aveu par une phrase qui aurait signifié que je n'avais pas entendu ce qu'il n'avait pas voulu dire. Mais rien ne vint. Car l'aveu ne servait à rien. Il n'y a plus rien à avouer quand le grand crime sur lequel on a bâti sa fortune est présenté comme une grande œuvre. La rhétorique orwellienne est implacable. La dictature devient la liberté, la démocratie la servitude, le bourreau un libérateur et la victime un oppresseur. L'oubli tient alors lieu de pardon et la mémoire d'agression. Un système diabolique, qui permet à celui qui les a perpétrés de s'amuser des assassinats, de les évoquer sans les reconnaître.

Le temps passait, l'échange était comme abandonné à lui-même, désordonné et sans enjeu. Je ne pensais qu'à l'aveu. Pinochet, détendu, plaisantait sur la presse, les journalistes, les Français, et mon indifférence à ses éclats de rire étouffés n'altérait en rien sa bonne humeur. La faim se rappela à lui, il proposa de déjeuner, en vantant la qualité de la cuisine militaire. Il savait que je déjeunais avec mes contacts militaires à l'hôtel Carrera, situé à quelques pâtés de maisons du palais présidentiel. La cuisine y était réputée épouvantable. C'est bien meilleur ici, souligna-t-il. Au Carrera, quand c'est mauvais, on renvoie le cuisinier, ici, nous militaires, on a d'autres moyens de motiver le cuisinier. Vous voyez ce que je veux dire. Je crus deviner l'amorce d'un clin d'œil. Puis il partit d'un franc éclat de rire.

Et je me surpris aussi à rire de bon cœur.

Ce ne fut pas long, un simple éclat, avant que le surmoi ne soit, à nouveau, à l'œuvre, et que je me fige dans une expression neutre qui ne pouvait masquer ni ma culpabilité, ni sa victoire. Et je ne fus plus capable d'oublier ce simple fait : j'avais ri avec le diable. Les minutes, ensuite, passèrent, avec cette idée parasite. Trente ans après, le parasite a prospéré. Je subis désormais le compagnonnage de son entêtante présence. Je m'imagine parfois au bar du Mexico-City, approuvant le soliloque du narrateur de *La Chute* d'Albert Camus : « Un jour, une nuit, le rire éclate sans crier gare. La sentence que vous portez sur les autres finit par vous revenir dans la figure, tout droit, et y pratique quelques dégâts. » En ce qui me concerne, le rire d'un moment d'inattention agit comme une marée. Le sac de la honte première, avec son roulis d'incompréhension, me submerge parfois, avant que le ressac de la vigilance ne vienne m'apaiser. Je suis désormais prévenu. La séduction d'un instant modifie à tout jamais l'espérance née de l'innocence.

La cassette du dictaphone porte témoignage que les sujets qui devaient être abordés dans l'interview le furent. Et que le militaire ne pratiqua pas l'esquive. La partie était jouée.

Je ne revis jamais le général. Plus de cinq ans après notre entrevue, alors que j'étais revenu en France, je fus contacté par un réalisateur espagnol, Jose-Maria Berzosa. Il avait produit en 1977 un documentaire dévastateur sur le dictateur et ses proches. Peu de commentaires, la parole laissée libre au militaire, mais un montage implacable qui traduisait le règne par la terreur et révélait le satrape. Le projet de Berzosa était simple : faire regarder le film au général, capter ses expressions et ses commentaires. Après tout, la victoire de Pinochet était à ce moment complète. Atteint par la limite d'âge au sein de l'armée, il venait de faire son entrée au Sénat comme sénateur à vie, et pourrait ainsi agir pour éviter toute réforme constitutionnelle. Le principal journal du pays lui restait dévoué et faisait l'éloge quotidien de son legs. L'armée lui était fidèle et les politiques de droite soucieux de prendre leurs distances avec « le régime militaire », comme ils l'appelaient encore, devaient pour les plus charismatiques d'entre eux affronter des polémiques qui ressemblaient à des opérations organisées par les services secrets de sécurité. Plus de 40 % des Chiliens exprimaient encore leur soutien à sa personne, et une des principales avenues de Santiago portait toujours le nom de 11 Septembre, comme s'il s'agissait d'une victoire. Berzosa souhaitait que je contacte le militaire sénateur et lui propose de mener l'entretien que lui filmerait. La réponse se fit attendre, mais me parvint sous forme d'une promesse. Le général était disposé à nous recevoir, sous réserve que la projection puisse avoir lieu dans sa résidence secondaire. Nous pouvions déjà commencer à proposer quelques dates, mais pas dans les semaines à venir. Il devait en effet subir une petite opération chirurgicale qui lui imposait un déplacement à Londres. À son retour de la capitale anglaise, nous serions les bienvenus.

On sait ce qu'il advint. Le 16 octobre 1998, Augusto Pinochet fut arrêté à la demande du juge espagnol Baltasar Garzón. Il avait voulu soigner son entrée dans l'histoire mais devenait l'objet d'événements qu'il ne contrôlait plus guère. L'addition lui était présentée, de son vivant. Il avait déclaré qu'aucune feuille ne bougeait au Chili sans qu'il le sache, et désormais toute une forêt se mettait à pousser. Les épisodes allaient se succéder, le menant vers l'abîme. Viendrait, d'abord, la démonstration d'allégeance de la part des forces armées et du pouvoir civil, le président Frei en tête, qui obtiendrait son extradition au pays. Et la provocation, quand le vieux général se lèverait de son fauteuil roulant sur le tarmac de l'aéroport comme pour énoncer, au milieu des personnes venues l'accueillir, sa foi en sa résurrection politique. Puis, peu à peu, naîtrait le temps de la conquête de l'indépendance, les poursuites du juge chilien Juan Guzmán, les levées d'immunité de la cour d'appel en 2000, et le pitoyable refuge du militaire dans une prétendue démence qui lui permettrait d'échapper à la justice jusqu'à sa mort, en 2006, loin des honneurs. Les poubelles de l'histoire l'attendaient.

Il avait fini de rire.

Santiago du Chili, 2024

Qui se souvient encore d'Augusto Pinochet ? Plus grand monde, sans doute. Hors de son pays, il a cessé d'être le repoussoir universel qui nourrit la mobilisation et inspire la résistance. Son emblématique visage s'est effacé de nos mémoires, son nom n'évoque rien pour les générations présentes, qui ont d'autres démons à combattre. Lui qui avait volé un coup d'État s'est même fait subtiliser la date de son coup d'éclat. Le mardi 11 septembre 1973 subit la concurrence mémorielle d'un autre mardi 11 septembre, en 2001, qui vit s'effondrer les tours du World Trade Center à Manhattan et fit entrer le monde dans un XXIe siècle de chaos. Un rêve qui s'évanouit en 1973, un cauchemar qui commence en 2001. Comme une étrange parenthèse. Les cinquante ans du coup d'État l'ont montré : la dictature pinochetiste est redevenue une affaire chilienne.

C'est une vieille histoire. Mais c'est une histoire qui me hante. L'épisode refuse de se teinter de sépia, de prendre la forme de ces anecdotes de l'enfance qu'on évoque avec distance pour faire de nos tâtonnements les étapes d'un chemin initiatique. Sa présence dépasse la culpabilité de celui qui, s'approchant du feu, s'est brûlé. Ce souvenir passé exprime aujourd'hui la menace diffuse d'un futur qui s'annonce. La fascination juvénile qui pouvait être la mienne, presque religieuse – s'il y a un diable, c'est donc qu'il y a un dieu –, s'est transformée en inquiétude terrestre d'un effondrement démocratique possible. Le modèle parfait qu'incarnait Augusto Pinochet Ugarte semble aujourd'hui frappé d'obsolescence. L'image du dictateur sanguinaire ressemble à ces friches industrielles abandonnées, témoignages aux contours flous d'une méthode de domination révolue, qui étendait son empire sur l'espace et le temps des hommes. Un ordre de terreur maintenu par le feu, la torture, et le sang. Par une main de fer dans un gant d'acier qui referme inexorablement son poing sur une population tétanisée, et qui contrôle les mouvements, les corps, les expressions, par l'armée, la police secrète, et les médias sous influence. Et chacun de s'imaginer suivi, écouté, repéré. L'omnipotence espérée qui passe par l'omniprésence revendiquée. Le modèle n'a certes pas disparu. L'homme fort à l'ancienne reste actif dans de nombreux pays du monde. Mais il a été comme dépassé. La connexion permanente, les réseaux, les données et les productions artificielles ont ouvert de nouvelles perspectives à ceux qui veulent régner sans partage et sur la vie et les esprits humains. L'affaire de ces nouveaux dictateurs, les *spin dictators*, n'est pas la masse, qui se contrôle, mais la multitude, qui se calcule. La manipulation des âmes devient plus importante que la contrainte des corps. Les armées de ces nouveaux diables se cachent derrière la lumière bleutée des écrans, et font mouvement grâce aux algorithmes. Les militaires de l'ordre ont cédé leur place aux prophètes du chaos. À l'ère des propagations, la fulgurance baudelairienne qui posait que « la plus belle des ruses du diable est de vous persuader qu'il n'existe pas » n'est plus unique. Les diables, désormais, se sont installés en chacun de nous et leur ruse consiste à nous faire croire qu'ils nous sauvent, en instillant non pas le doute, mais la certitude, et non pas la peur, mais la rage.

L'énigme du pouvoir absolu n'est pas affaire de style. Une brute reste une brute. Les poubelles de l'histoire ne sont jamais ramassées. Elles se redéversent régulièrement devant nos yeux incrédules. Nous n'apprenons rien de l'expérience de ceux qui nous ont précédés, la connaissance est inutile quand il s'agit d'écrire notre présent. Le Chili est à nouveau troublé, divisé, polarisé. Et la figure du général mort orne les drapeaux d'une partie de la droite chilienne, qui voudrait tout recommencer.

Mais le phénomène est mondial. De partout, des figures émergent, terrifiantes et séduisantes. Nous ne croyons plus en grand-chose ; Dieu, le monde meilleur, la Terre promise, la lutte finale et le genre humain, tout cela, nous l'avons abandonné, déçus de ne pas avoir eu de réponse satisfaisante. Alors, eux, les bonimenteurs, nous pouvons bien les croire. Sur les cinq continents, en ce XXIe siècle avancé, la foule les acclame, les réclame, et fait semblant d'adhérer à leurs vitupérations. En toute connaissance de cause. L'époque rit avec ces nouveaux diables, elle rit et rit encore. Eux ne demandent que cela. Que nous nous vautrions dans la fange de leur grossièreté première, de leur mépris pour le savoir et de leur violence décomplexée. Nos pulsions construisent, peu à peu, leur ascension. Notre rire rend la menace sérieuse. Ce n'est pas une affaire d'âge, ni même de fascination. Nous rions pour nous soulager.

La peur est trop grande. Nous n'arrivons plus à suivre. La planète qui s'effondre, la guerre étendue qui gagne les territoires, les refuges qui se referment, les mers transformées en cimetières, les individus ballottés entre l'État et le marché, les espaces publics qui deviennent champs de bataille, la démocratie qui mute en *émocratie*, les solidarités collectives attaquées une à une, l'économie de la donnée qui nous impose d'être, en permanence, calculés, la submersion des messages qui nous accablent, la frontière entre la réalité et la fiction qui se brouille, l'auto-asservissement qui se fait passer pour une émancipation, c'en est trop. Nous sommes terrifiés. Nous ne voulons plus savoir. Nous ne pouvons plus savoir, hachés par les stimuli émotionnels que nos écrans connectés, en permanence, nous imposent. Nous sommes devenus les cobayes d'une nouvelle expérience de Stanley Milgram, dans laquelle l'alerte numérique remplace l'électricité. Nous n'obéissons plus aux ordres mais à nos émotions. Nous errons entre la surveillance et la jungle, et recherchons désespérément un peu de civilité.

Le diable est celui qui sépare. Il est, plus que jamais, à l'œuvre. Ceux qui prétendent que l'humanité est une et indivisible hurlent dans le désert. Les nouveaux démons nous convainquent que tout le monde ne s'en sortira pas, qu'il n'y aura pas assez de canots de sauvetage quand arrivera le temps du grand naufrage. Alors nous oublions notre effroi avec eux, qui prétendent n'avoir peur de rien ni de personne. Nous devenons ingouvernables car il n'est plus possible de nous gouverner. Moisés Naïm l'a écrit, le pouvoir décline, il n'obtient plus autant de choses aujourd'hui que par le passé. Plus aisé à conquérir, plus difficile à utiliser et plus facile à perdre, il engendre la déception de ceux qui le subissent. La complexité nous semble abstraite, alors nous nous tournons vers les cancres qui revendiquent le concret. À défaut de sauveur, nous voulons un nettoyeur. Jouir sans entraves du moment pour ne plus penser à l'avenir. À nier l'accident possible, nous provoquons la catastrophe. C'est une vieille histoire, mais elle s'invite, à nouveau, dans nos existences.

Revenu à Santiago plusieurs décennies après mon entretien avec le diable, j'arpentais la ville, heureux de voir mes pas produire les souvenirs qui s'invitaient à mesure que j'abordais un endroit que j'avais fréquenté par le passé. Le quartier du palais présidentiel de la Moneda semblait une destination logique : les différents pouvoirs civils avaient entrepris de réaménager les esplanades nord et sud, pour que leur architecture nouvelle témoigne d'un pays conscient de son histoire récente à défaut d'être réconcilié sur sa portée et son sens. Au nord avait été construit un musée sous-terrain proposant des expositions temporaires qui promouvaient la diversité ethnique du Chili. Au sud, la grande place de la Constitución proposait désormais deux statues dont l'érection aurait été impensable pendant la dictature, celle d'Eduardo Frei Montalva, démocrate-chrétien progressiste, président de 1964 à 1970, et, surtout, celle de Salvador Allende. Deux hommes qui s'étaient succédé à la présidence mais qui n'avaient pas su s'entendre pour essayer d'empêcher un coup d'État voulu par la Maison Blanche, souhaité par l'oligarchie et ourdi par quelques militaires séditieux. Les statues avaient rejoint celle du fondateur du Chili moderne, le républicain autoritaire Diego Portales, et celle du président conservateur Jorge Alessandri. Tout le monde pouvait, ainsi, s'y retrouver : les monuments se situaient à chacune des extrémités de la place, comme pour ramener les options politiques opposées au jeu enfantin des quatre coins.

Les déambulations portent l'espoir de rencontres avec la surprise. Le long du palais présidentiel de la Moneda, sur le côté gauche en venant de la place de la Constitución, rue Morandé, je fus saisi par une apparition, ou plutôt, une réapparition. Sur le mur occidental du palais, une simple porte de bois ornée de clous, et, sur sa gauche, juste un numéro : « 80 ». Sur le mur, un peu plus loin, une plaque métallique qui précisait l'intégralité de l'adresse : « Morandé 80 ».

J'avais passé mon temps à chercher cette légendaire entrée trente ans auparavant. Il n'en existait, à l'époque, aucune trace. Les militaires avaient pris soin, lors de la reconstruction du palais, de transformer l'ouverture qui permettait aux présidents de la République d'entrer ou de sortir discrètement du palais, et qu'ils utilisaient lorsqu'ils quittaient leurs fonctions et retournaient à la vie civile, en fenêtre à barreaux. Une grille carcérale en lieu et place d'une porte, le propos ne souffrait d'aucune ambiguïté. Les symboles échappent parfois à ceux qui les manipulent. Il s'agissait simplement pour eux, fidèles à la doctrine de leur chef, d'effacer l'histoire et les rémanences rétiniennes qu'elle peut laisser chez ceux qui l'ont connue.

Les photos en portaient témoignage, c'est par la porte de Morandé 80 qu'étaient sortis les trente-sept derniers fidèles de Salvador Allende, les mains sur la tête, avant d'être précipités au sol. Les ministres seraient envoyés dans le camp de concentration de l'île Dawson, une île du détroit de Magellan, maudite à bien des titres : colonisée par les Salésiens qui voulaient évangéliser les Patagons, elle avait vu mourir ces derniers, victimes des maladies que les « sauveurs » de leur âme avaient apportées. Le cadavre du président suicidé, entouré d'un *aguayo* bolivien, avait été évacué par cette porte. Lieu de mémoire et de résistance, elle ne pouvait rester debout sans avoir l'air de narguer le nouveau maître absolu du pays. On l'avait donc fait disparaître. Et puis, en 2003, le 11 septembre, le pouvoir chilien redevenu socialiste avait entrepris de rétablir l'accès. Je l'ignorais.

La mémoire est une porte. Qui, comme moi, franchit celle du 80 de la rue Morandé, entre dans une aile du palais dont la cour est encore encombrée de ferronneries brûlées par l'incendie qui suivit le bombardement. Une volée de marches mène au premier étage, où le bureau d'Allende a été reconstitué, dans un lieu qui n'est pas d'origine, mais qui se trouve juste au-dessus de l'ouverture du 80. Tout est là. Et bien plus. Le meuble de bureau du président, son buvard encore taché de rouge, la couleur qu'il utilisait pour annoter les documents qui lui étaient soumis, le portrait officiel. Dans une vitrine, les souliers brûlés qu'il portait le jour du coup d'État. Et, dans un coin, un buste, de J. I. Molina, dont le front est criblé des balles de la rafale de mitraillette des militaires qui envahirent le bureau.

Les larmes, alors, peuvent couler. Nous délivrer du rire. Et les fantômes survenir. Il nous faut les percevoir, les accueillir, dialoguer avec eux. Ils chuchotent amicalement à nos oreilles le commandement non écrit que nous sommes les légataires des souffrances passées et qu'à ce titre nous n'avons pas le droit de précipiter nos héritiers dans l'enfer qui fut celui de nos parents. À l'instar des personnages de *Fahrenheit 451* qui construisent le futur en étant chacun porteur d'un livre, nous pouvons devenir le souvenir et la présence d'un de ces fantômes.

La mémoire est une porte. Au prix de leur vie, des hommes et femmes l'ont construite, reconstruite, entretenue. Il ne tient qu'à nous de l'ouvrir pour éviter l'éternel recommencement des affects qui nous emprisonnent. « Quand l'agneau ouvrit le septième sceau, il y eut dans le ciel un silence, et les sept anges, qui avaient les sept trompettes, se préparaient à en sonner. » Le moment décisif qui annonce la venue de l'apocalypse dans le livre de saint Jean, en son chapitre 8, n'est pas encore survenu. Le septième sceau n'est pas brisé. Mais certaines trompettes déjà résonnent sur une partie croissante du monde. La grande accélération a engendré une tempête parfaite. Submergés par des vagues chaque jour plus nombreuses et chaque fois plus hautes, nous cherchons l'issue. Les diables se font passer pour des sirènes, leur chant nous séduit et nous emmène vers les abysses.

Pourtant, nous ne sommes pas désarmés. Quand le sol de nos espérances se dérobe sous nos pieds et la ligne de fuite d'un futur désirable sort du cadre de notre possible, il nous faut compter sur nos derniers alliés. Les fantômes, la mémoire et les mots : c'est tout ce qui nous reste.

Remerciements

Ce texte relate une expérience vécue il y a trente ans, avec ce qu'en a fait ma propre mémoire. Le nombre de morts et de disparus mentionnés provient du rapport Rettig de 1991, le seul connu à l'époque. Depuis, les recherches successives ont fortement alourdi le bilan humain de la dictature. Il existe désormais un musée de la mémoire à Santiago, qui en porte le témoignage.

Avec trente ans de retard, je tiens à remercier Renán Fuentealba, qui a rendu l'entretien possible, mes amis et collègues Sylvia, Thomas, Rosario, Khaty, Paula, Victor, Eduardo…

Merci aussi à Hugues Salord, qui sait pourquoi. Merci à Martine Jacot et Jacques-François Simon qui, au journal, m'ont à l'époque constamment épaulé dans cette démarche, et m'ont aidé dans « l'après », qui ne fut pas simple.

Ma gratitude présente à Éric Fottorino, qui, pour *Le 1*, a « sauvé » le texte en en publiant une partie, à mon éditeur et ami Christophe Bataille, et aux équipes de Grasset, Madeleine Thompson, Jean-Marc Levent, Élodie Deglaire, et, bien sûr, Olivier Nora.

Mes remerciements habituels à Martina, Yann et Boris, pour leur lecture attentive, comme toujours.

Enfin, merci à mes proches, et notamment à mes filles Marie et Sarah, qui supportent depuis si longtemps cette curieuse obsession. J'espère leur avoir donné, avec ces pages, un début d'explication.

SOURCES

Cités dans le livre :

The Rolling Stones, *Beggars Banquet*, Decca Records, 1968.

Albert Camus, *La Chute*, Gallimard, 1956.

Hergé, *Tintin et le temple du soleil*, Casterman, 1949.

Ernesto Guevara, *Voyage à Motocyclette*, Mille et Une Nuit, réédition de 1997.

Régis Debray, *La Guérilla du Che*, Le Seuil, 1974.

Sergei Guriev & Daneil Treisman, *Spin Dictators*, Princeton University Press, 2022.

Moisés Naïm, *The End of Power*, Basic Book, 2013.

Ray Bradbury, *Farenheit 451*, Denoel, 1955.

Sur l'émocratie :

Néologisme entre émotion et démocratie développé dans :

Bruno Patino, *Tempête dans le bocal*, Grasset, 2022.

Sur le coup d'État du 11 septembre 1973 :

Le livre de référence sur la chute de Salvador Allende et le coup est :

Monica Gonzalez, *La Conjura, los mil y un dias del golpe*, Catalonia, édition augmentée de 2012.

Cet ouvrage a été achevé d'imprimer sur Roto-Page
par l'Imprimerie Floch à Mayenne
pour le compte des éditions Grasset
en août 2024

Mise en pages
PCA 44400 Rezé

PAPIER CERTIFIÉ

Grasset s'engage pour
l'environnement en réduisant
l'empreinte carbone de ses livres.
Celle de cet exemplaire est de :
200 g éq. CO_2
Rendez-vous sur
www.grasset-durable.fr

N° d'édition : 23266 – N° d'impression : 105046
Dépôt légal : septembre 2024
Imprimé en France